Ralf Schabik

Pflichtschulung
Brandschutz

nach ASR A2.2

Mit 23 Abbildungen und 2 Tabellen
PowerPoint-Präsentation, Erläuterungstext, Kopiervorlage
unter www.online-plusbase.de

Zuschriften an
lektorat@dav-medien.de

Anschrift des Autors
Dr. Ralf Schabik
Wallenstein-Apotheke am Oberen Tor
Oberer Markt 21
90518 Altdorf
E-Mail: feuerwehr@wallenstein-apotheke.de

Bibliografische Information der Deutschen Nationalbibliothek
Die Deutsche Nationalbibliothek verzeichnet diese Publikation in der Deutschen Nationalbibliografie; detaillierte bibliografische Daten sind im Internet unter https://portal.dnb.de abrufbar.

1. Auflage 2019
ISBN 978-3-7692-7253-6

© 2019 Deutscher Apotheker Verlag
Birkenwaldstraße 44, 70191 Stuttgart
www.deutscher-apotheker-verlag.de
Printed in Germany

Satz: Ruth Hammelehle, Bad Boll
Druck und Bindung: Print Consult, München
Umschlagabbildung: yauhenka / stock.adobe.com
Umschlaggestaltung: deblik, Berlin

Weitere Pflicht- und Mitarbeiterschulungen

Meistermacher
Pflichtschulung Herstellung
ISBN: 978-3-7692-6779-2

Hygiene pur
Pflichtschulung Hygiene
ISBN: 978-3-7692-6555-2

Lagern – mehr als Aufbewahren
Pflichtschulung Lagerung
ISBN: 978-3-7692-6778-5

Geprüft und für gut befunden
Pflichtschulung Prüfung
ISBN: 978-3-7692-6780-8

Arbeitsschutz mit Sicherheit
Pflichtschulung Arbeitssicherheit
ISBN: 978-3-7692-6907-9

Arzneimittel patientenindividuell verpackt
Pflichtschulung Stellen und Verblistern
ISBN: 978-3-7692-6902-4

Datenschutz: neu!
Pflichtschulung Datenschutz
ISBN: 978-3-7692-7202-4

Sicherheitsrisiko Blut
Pflichtschulung Blutuntersuchungen
ISBN: 978-3-7692-7252-9

Arzneimittelsicherheit im Fokus
Mitarbeiterschulung Pharmakovigilanz
ISBN: 978-3-7692-7220-8

Inhaltsverzeichnis

Einführung

„Pflichtschulung Brandschutz" – muss das jetzt auch noch sein?
Diese Frage stellen wir uns als Bürokratie-geplagte Pharmazeuten spontan. „Es ist doch noch nie etwas passiert."

Aber realistisch betrachtet kann sich jederzeit auch in unseren Apotheken ein Zwischenfall mit Feuer ereignen, bei dem es darauf ankommt, dass wir besonnen und kompetent handeln.

In der „Pflichtschulung Brandschutz" erläutert der Autor – mit der Routine aus vielen Jahren Offizinpharmazie wie auch der Erfahrung aus mehr als 1000 Feuerwehreinsätzen – welche (Brand-)Gefahren in Apotheken lauern, welche Maßnahmen vorbeugend Sinn machen und welche Schritte im Falle des Falles ergriffen werden sollten. Ob es um Anschaffung und Anwendungsbereiche von Feuerlöschern oder Absetzen eines kompetenten Notrufs geht: Brandschutz ist nicht die Kernkompetenz in den Apotheken. Dennoch ist er genauso unverzichtbar wie die Apotheke selbst! Dabei sollte doch jeder von uns soweit in Brandschutz und auch Erster Hilfe kompetent sein, um jederzeit und überall wirksam helfen zu können!

Zuschriften an
lektorat@dav-medien.de

Benutzerhinweise

Die Pflichtschulung Brandschutz besteht aus 25 Schulungsfolien mit Erläuterungstext und einem Formular zur Dokumentation der Unterweisung. Ein Spiralblock mit Aufsteller ermöglicht niederschwellig die Präsentation. Zum Download der PowerPoint-Präsentation gelangen Sie über www.online-plusbase.de. Sie kann bei Bedarf zur Präsentation der Folien auf PC, Laptop oder Tablet genutzt werden. Alle anderen Inhalte und Materialien des Tischaufstellers stehen dort ebenfalls zur Verfügung.
Die Inhalte dieses Werkes sind urheberrechtlich geschützt und dienen ausschließlich dem Zweck der Vorführung und des Vortrags innerhalb der Apotheke, öffentliche Vorträge sind nicht gestattet. Eine sonstige öffentliche Zugänglichmachung, z.B. im Internet oder einem Intranet, ist nicht erlaubt.

Präsentation mit dem Tischaufsteller

Der Spiralblock hat auf der einen Seite die Schulungsfolien für das Publikum, auf der anderen Seite den zugehörigen Erläuterungstext. Das bietet den Rahmen für eine Unterweisung der Mitarbeiter im kleinen Kreis und ohne großen Aufwand. Als Kopiervorlage steht das Formular zur Dokumentation der Teilnahme zur Verfügung.

PowerPoint-Präsentation

Zum Download der Online-Version der Inhalte gehen Sie auf www.online-plusbase.de. Zum Abruf benötigen Sie diesen Spiralblock und Ihre E-Mail-Adresse, um sich zu registrieren.
iPad-User installieren vor dem Download die Microsoft PowerPoint-App. Zum Öffnen der PDF-Dateien benötigt man einen PDF-Reader.
Die PowerPoint-Präsentation können Sie entweder mithilfe eines Beamers oder – bei kleinerem Teilnehmerkreis – direkt auf einem PC-/Laptop-Bildschirm präsentieren. Sie können die Präsentation entweder direkt vorführen oder nach Belieben ändern und ergänzen, um so den Vortrag Ihren Bedürfnissen anzupassen. Bitte beachten Sie, dass Sie zur Bearbeitung der Präsentation bzw. der Notizenseiten eine lizenzierte Version von PowerPoint benötigen.

Erläuterungstext

Der Erläuterungstext ist als Vorschlag gedacht, der Ihnen Hilfestellung bei der Erarbeitung bzw. Vorstellung des Themas geben soll. Sie finden ihn in der PowerPoint-Präsentation in dem Notizfeld der jeweiligen Folie, beim Tischaufsteller auf dem der Präsentation gegenüberliegenden Chart. In PowerPoint können Sie den Text Ihren Bedürfnissen anpassen. Zum Ausdrucken nutzen Sie die Druckoption „Notizseiten". Diese Notizseiten lassen sich beispielsweise als Handout an die Teilnehmer weitergeben.
Möchten Sie keine Änderungen am Erläuterungstext vornehmen, finden Sie den mitgelieferten Vorschlag zusätzlich im PDF-Format zum Ausdrucken.

Pflichtschulung Brandschutz

nach ASR A2.2

Dr. Ralf Schabik

Brandschutz

Inhalt

Brandschutz in der Apotheke

Grundlagen

Brandgefahren

Der Ernstfall: Was tun wenn's brennt?

Feuerlöscher und ihre Bedienung

Vorbeugender Brandschutz

Inhalt

- Brandschutz in der Apotheke
  - Warum?
  - Betrieblicher Brandschutz
  - Anwendungsbereich der ASR
- Grundlagen
  - Gefahren durch Brände
  - Verbrennung und Vorgänge beim Löschen
- Brandgefahren
  - Häufige Brandursachen
  - Gefahrenquellen im Apothekenlabor
  - Einteilung in Brandklassen nach EN 2
- Der Ernstfall: Was tun, wenn's brennt?
  - GAMS-Schema
  - Branderkennung und Alarmierung
  - Der Rauchmelder meldet sich
  - Der qualifizierte Notruf
  - Warten auf die Feuerwehr
- Feuerlöscher und ihre Bedienung
  - Platzierung in der Apotheke
  - Art des Löschmittels
  - Vorgeschriebene Stückzahl
  - Richtiger Einsatz
  - Im Apothekenlabor
- Vorbeugender Brandschutz
  - Beschilderung – Brandschutzzeichen
  - Gegenüberstellung Brandschutzzeichen alt/neu
  - Bauliche Maßnahmen
  - Brandschutzordnung

Erläuterungstext Folie 2

Brandschutz

Inhalt

Brandschutz in der Apotheke

Grundlagen

Brandgefahren

Der Ernstfall: Was tun wenn's brennt?

Feuerlöscher und ihre Bedienung

Vorbeugender Brandschutz

Brandschutz in der Apotheke
Warum?

- Schutz von Arbeitsplatz und Umgebung
- Feuer
  - Grundsätzlich ernsthafte Gefährdung
  - Brände gar nicht erst entstehen lassen
  - Personenschäden im Ernstfall vermeiden
  - Sachschäden im Ernstfall minimieren
- **Alle** sind gefordert, Zwischenfälle zu vermeiden und im Fall der Fälle souverän zu reagieren!

Warum Brandschutz?

- Statistik: mehr als 192.000 Brände pro Jahr (Deutschland, 2015) – dabei 367 Tote
- Sachschaden: hoher Millionenbetrag
- Zahlen für Apotheken nicht explizit genannt, aber auch in Apotheken brennt es
- Tagsüber mehr Brände als nachts, dafür nachts mehr Tote bei den Brandereignissen!
- Ursachen für Brände (IFS, 2017): 31 % Elektrizität, 21 % menschliches Fehlverhalten, 10 % Überhitzung

Wichtig:
Liegen klare Anweisungen vor, wie bei Zwischenfällen zu reagieren ist?
Wer trifft **welche** Entscheidungen?
Wie ist die Apothekenleitung zu erreichen und ab welchem Ausmaß eines Schadens ist sie sofort zu informieren?

→ **Tipp:** Definieren Sie für Ihre Mitarbeiter hier klare Vorgaben und versorgen Sie sie mit konkreten Informationen!

Was ist betrieblicher Brandschutz? Siehe Folie 4

Brandschutz in der Apotheke
Warum?

- Schutz von Arbeitsplatz und Umgebung

- Feuer
  - Grundsätzlich ernsthafte Gefährdung
  - Brände gar nicht erst entstehen lassen
  - Personenschäden im Ernstfall vermeiden
  - Sachschäden im Ernstfall minimieren

- **Alle** sind gefordert, Zwischenfälle zu vermeiden und im Fall der Fälle souverän zu reagieren!

Brandschutz in der Apotheke
Betrieblicher Brandschutz

- Regelmäßige Unterweisung aller Mitarbeiter: Pflichtschulungen über Brandgefahren und Brandschutzeinrichtungen mind. 1 x jährlich
- Ausbildung angemessener Anzahl von Brandschutzhelfern: fachkundige Unterweisung sowie praktische Übungen im Umgang mit Feuerlöschern
- **Ziel:** Entstehungsbrände ohne Eigengefährdung löschen, Flucht von Beschäftigten/Kunden sichern

Rechtsgrundlagen und hilfreiche Informationen

ASR sind Technische Regeln für Arbeitsstätten, die von der baua (Bundesanstalt für Arbeitsschutz und Arbeitsmedizin) herausgegeben werden.

DGUV ist der Spitzenverband der gewerblichen Berufsgenossenschaften und der Unfallversicherungsträger der öffentlichen Hand.

Arbeitsschutzgesetz (ArbSchG) §10 Abs. 2 „Erste Hilfe und sonstige Notfallmaßnahmen"
sowie unter anderem DGUV Informationen 205–003, bgw-online, Empfehlungen der BAK zu Arbeitsschutzmaßnahmen und Ausbildungsunterlagen der Feuerwehren.

- Brandschutzhelfer dürfen erst bestellt werden, wenn sie mit betrieblichen Gegebenheiten vertraut sind! Die Zahl der Brandschutzhelfer ist vorgeschrieben: 5 % der Mitarbeiter bei normaler Brandgefährdung. Aus der „erhöhten Brandgefährdung" in der Apotheke folgt, dass nach pflichtgemäßem Ermessen zusätzliche Zuständige auszubilden und zu bestellen sind. Dabei Schichtpläne und Urlaubszeiten nicht vergessen!
- Ausbildung: Theoretischer Unterricht (mindestens 2 x 45 Minuten) zuzüglich Praxisausbildung (5–10 Minuten)
- Ausbildung von Brandschutzhelfern kann durch Arbeitgeber, dessen Beauftragte oder auch in Kooperation mit kompetenten externen Anbietern erfolgen
- Wiederholung der Ausbildung alle 3–5 Jahre oder bei wesentlichen Veränderungen im Betrieb

Wie ist der Anwendungsbereich der ASR definiert? Siehe Folie 5

Brandschutz in der Apotheke
Betrieblicher Brandschutz

- Regelmäßige Unterweisung aller Mitarbeiter: Pflichtschulungen über Brandgefahren und Brandschutzeinrichtungen mind. 1 x jährlich

- Ausbildung angemessener Anzahl von Brandschutzhelfern: fachkundige Unterweisung sowie praktische Übungen im Umgang mit Feuerlöschern

- **Ziel:** Entstehungsbrände ohne Eigengefährdung löschen, Flucht von Beschäftigten/Kunden sichern

Brandschutz in der Apotheke
Anwendungsbereich der ASR A2.2

„Einrichten und Betreiben von Arbeitsstätten sowie weitere Maßnahmen zur Erkennung, Alarmierung sowie Bekämpfung von Entstehungsbränden"

Brandgefährdung: brennbare Stoffe vorhanden, Möglichkeit einer Brandentstehung

- „Normal" ≙ Büronutzung
- „Erhöht" ≙ zusätzliche Gefahren sind zu berücksichtigen

Zusätzliche Gefahren im Sinne „erhöhter Brandgefährdung" in der Apotheke

- Entzündbare bzw. oxidierbare Stoffe oder Gemische sind vorhanden (Papier, Kartonagen, Inkontinenzprodukte, Lösungsmittel)
- Betriebliche Verhältnisse für Brandentstehung sind günstig (insbesondere im Lager hohe Packungsdichte, im Labor brennbare Flüssigkeiten)
- In der Anfangsphase eines Brandes ist eine rasche Ausbreitung zu erwarten (mit gut brennbaren Materialien gefüllte Regale)
- Arbeiten mit Brandgefährdung (z. B. im Labor Bunsenbrenner)
- Verwendung von leicht entzündbaren Flüssigkeiten oder entzündlichen Gasen (regulärer Betrieb im Labor)
- Überdurchschnittliche Verwendung von elektrischen Geräten im Dauerbetrieb (EDV) und erhebliche Längen bei Stromkabeln

Welche Gefahren gehen von Bränden in Apotheken aus? Siehe Folie 6

Brandschutz in der Apotheke
Anwendungsbereich der ASR A2.2

„Einrichten und Betreiben von Arbeitsstätten sowie weitere Maßnahmen zur Erkennung, Alarmierung sowie Bekämpfung von Entstehungsbränden"

Brandgefährdung: brennbare Stoffe vorhanden, Möglichkeit einer Brandentstehung

- „Normal" ≙ Büronutzung

- „Erhöht" ≙ zusätzliche Gefahren sind zu berücksichtigen

Grundlagen
Gefahren durch Brände

- Rauch
- Atemgift
- Thermische Gefährdung
- Mechanische Gefährdung (herumfliegende Teile, Verlust von Stabilität)
- Besondere betriebliche Risiken

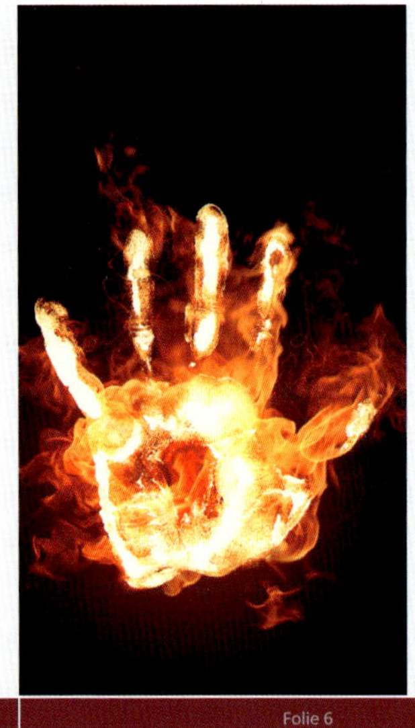

Gefahren durch Brände

- **Rauch** → erschwerte Atmung, erschwerte Sicht (erhebliche Mengen an Kunststoffen, die im Brandfall immense Mengen an Rauch ergeben)
- **Atemgifte** → Abnahme des Sauerstoffgehalts der Luft wegen des Verbrennungsvorgangs und Verdrängung durch Brandgase; unmittelbare oder verzögerte toxikologische Wirkung durch giftige Gase wie Kohlenmonoxid, Salzsäure, Blausäure, Dioxin u. v. m. (insbesondere das Isolierungsmaterial von Kabeln setzt beim Abbrand erhebliche Mengen giftiger Gase frei)
- **Thermische Gefahr** → Verbrennungen verschiedener Schweregrade
- **Mechanische Gefährdung** → Explosionen; Abplatzen von Bauteilen, insbesondere Stahl verliert bei starker Erwärmung erheblich an Stabilität (Gefährdung z. B. durch herabstürzende Teile der Deckenverkleidung)
- **Betriebliche Risiken** in Apotheken → Freisetzung von Gefahrgut (insbesondere Substanzen im Labor), Herabhängen von Kabeln von der Decke (beachte die Verkabelung von Strahlern in der Decke, aber auch hunderte von Metern Netzwerkkabel)

Besondere Gefahren können entstehen, wenn normalerweise getrennt gelagerte Substanzen im Brandfall miteinander in Berührung kommen und reagieren!
(z. B. Hypochlorit-Lösung und Säure → Chlorgasbildung)

Wichtig: Wann wurde unsere Pikrinsäure zuletzt inertisiert?

Welcher Voraussetzungen bedarf es, damit es brennt? Siehe Folie 7

Grundlagen
Gefahren durch Brände

- Rauch

- Atemgift

- Thermische Gefährdung

- Mechanische Gefährdung (herumfliegende Teile, Verlust von Stabilität)

- Besondere betriebliche Risiken

Grundlagen
Verbrennung und Vorgänge beim Löschen

Verbrennungsdreieck

Brennstoff + Temperatur + Sauerstoff

Verbrennungsdreieck

Notwendige Voraussetzung für Verbrennung ist das Vorliegen von **drei** Komponenten im richtigen Mengenverhältnis:

- **Brennstoffe** in der Apotheke → Papier, Pappe, Kunststoffe (Blister häufig aus PVC → extrem aggressiver Brandrauch!), Lösungsmittel, Chemikalien, Ladeneinrichtung (alleine aus dem Schaumstoff in einem Bürostuhl entstehen mehrere Kubikmeter giftiges Gas!)
- **Temperatur** → Zündquellen aller Art, z. B. offene Flammen (Bunsenbrenner), insbesondere defekte elektrische Geräte (in der Apotheke laufen zahllose Geräte 24/7, z. B. Computer, Klimaanlage, Kühlschränke, Beleuchtung)
- **Sauerstoff** → Luft (Sauerstoffdonatoren im Labor nicht vergessen!)

→ **Cave** besonders die unzähligen Steckernetzteile, die an systemrelevanten Geräten hängen (Router, Drucker, Waagen, Mobilteile der Telefonanlage etc.)

→ **Cave** insbesondere, dass diese Netzteile häufig in oder hinter Möbeln verbaut sind und dort mit der Zeit verstauben, was erstens die Brennbarkeit erhöht und zweitens eine Überhitzung fördert!

→ **Cave** auch Lüftungs- und Klimaanlagen, die für Luftbewegung sorgen! Zum einen sorgen sie für die Verteilung von Rauchgasen und führen zum anderen zu Zufuhr von Sauerstoff!

Welche spezifischen Brandgefahren in Apotheken gibt es in unserer Apotheke noch? Siehe Folie 8

Grundlagen
Verbrennung und Vorgänge beim Löschen

Verbrennungsdreieck

Brennstoff + Temperatur + Sauerstoff

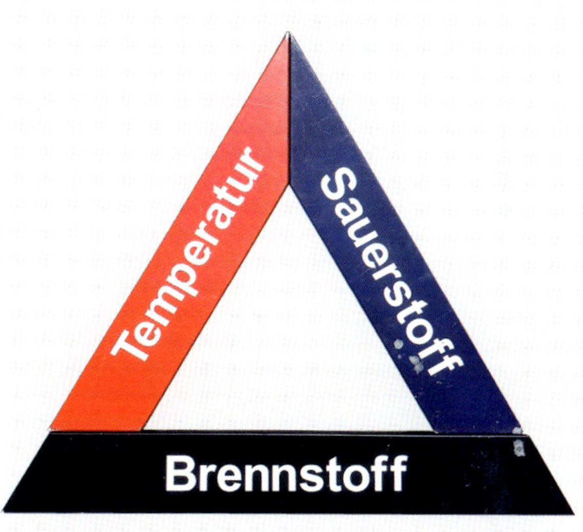

Brandgefahren
Häufige Brandursachen

- Trockenlaufen von Wasserkochern
- Kondensatoren von Leuchtstoffröhren
- Staub von Computern
- Verlängerungssteckdosen
- Dekorationsmaterial mit Elektroanschluss
- Netzteile aller Art
- Cave: Zündquellen im Labor!

Häufige Brandursachen

- Wasserkocher/Kaffeemaschine etc. auf Fliesen stellen!
  → **Tipp:** Darauf achten, dass Wasserkocher **nicht** unter Möbelstücken betrieben werden, da diese durch den aufsteigenden Wasserdampf aufquellen!
- Zunehmende Gefahr bei Smartphones: Akkus können sich beim Laden enorm erhitzen; auch riskant: QI-Charger (Induktions-Ladegeräte!)
- Computer von Zeit zu Zeit aussaugen
- Mehrfach-Steckdosen nicht in Reihe schalten, auf geprüfte Qualität achten, die maximale Leistungsaufnahme der angeschlossenen Geräte berücksichtigen (Laserdrucker ziehen im Betrieb enorm Leistung!)
- Netzteile grundsätzlich nicht abdecken und nicht in der Nähe von entzündbarem Material betreiben
- Lampen (HQI und andere Metalldampflampen mit hoher Lichtausbeute) können durch hohe Betriebstemperaturen Brände auslösen, vor allem, wenn sie im laufenden Betrieb bersten → Abstand zu Dekorationsmaterial!
- Beim Einschalten von LED-Lampen entstehen hohe Stromstärken! LED-Lampen, die Schaltnetzteile verbaut haben, können in Brand geraten
- Vorsicht beim Dekorieren von Schaufenstern → Glasgefäße können bei Sonneneinstrahlung als Brennglas dienen!

Besondere Brandgefahren im Apothekenlabor? Siehe Folie 9

Brandgefahren
Häufige Brandursachen

- Trockenlaufen von Wasserkochern

- Kondensatoren von Leuchtstoffröhren

- Staub von Computern

- Verlängerungssteckdosen

- Dekorationsmaterial mit Elektroanschluss

- Netzteile aller Art

- Cave: Zündquellen im Labor!

Brandgefahren
Gefahren und Vorsichtsmaßnahmen im Apothekenlabor

BAK-Standards für Tätigkeiten mit brand-/
explosionsgefährlichen Stoffen:

- Korrekte Beschriftung aller Gefäße
- Eignung Gefäß ↔ Substanz
- Gefährliche Substanzen unter Verschluss
- Vorsicht bei Rezepturen mit besonderer
  (Brand-)Gefahr
- Gefahrstoffverzeichnis außerhalb des
  Labors bereithalten

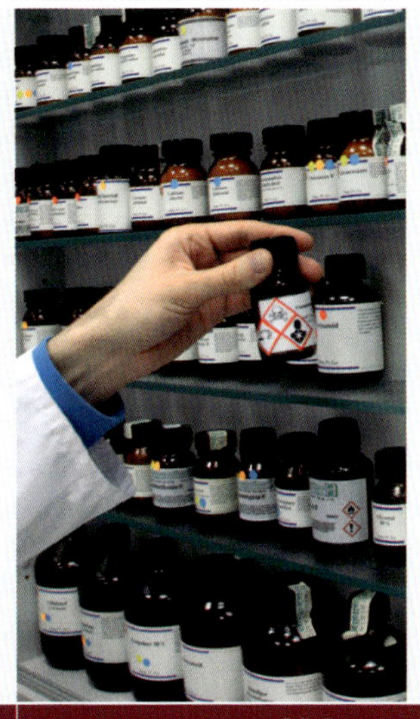

Vorbeugender Brandschutz

Im Labor besonders auf Zündquellen achten → Vorschriften im Zusammenhang
mit Abzügen beachten, Mindesthöhe für Steckdosen im Labor einhalten
(ggf. Steckdosen als unkontrollierte Zündquelle unterhalb 80 cm Raumhöhe
stromlos schalten lassen).

Speziell bei Gefahrstoffen ist zu berücksichtigen, dass Gefäße im Laufe der Zeit
porös werden und Substanzen auslaufen können! Ätzende Substanzen nicht über
Augenhöhe lagern, Augendusche bereithalten. Mengen an Gefahrstoffen auf das
unvermeidliche Maß beschränken, Gefahrstoffverzeichnis außerhalb des Labors
bereithalten, damit es auch im Schadensfall für Einsatzkräfte zur Verfügung steht!

Unbedingt auf Rezepturen achten, die filtriert werden müssen und bei denen
während des Trocknens des Filters die Gefahr einer Selbstentzündung ent-
steht. Restrisiko besteht bei allen Filtern, aber auch generell Tüchern, die mit
Fett getränkt sind und längere Zeit an der Luft verbleiben → Erwärmung bis hin
zur Selbstentzündung! Klassisches Beispiel sind mit Leinöl getränkte Lappen, im
Labor kommen verschärfend oxidierend wirksende Substanzen hinzu!

→ **Tipp:** Für systemrelevante Geräte (z. B. Medikamentenkühlschrank,
Klimaanlage etc.) eigene Stromkreise anlegen lassen, die jeweils für sich mit
Fehlerstromschutzschaltern abgesichert sind.

In welche Gruppen lassen sich brennbare Substanzen einteilen? Siehe Folie 10

Brandgefahren
Gefahren und Vorsichtsmaßnahmen im Apothekenlabor

BAK-Standards für Tätigkeiten mit brand-/ explosionsgefährlichen Stoffen:

- Korrekte Beschriftung aller Gefäße

- Eignung Gefäß ↔ Substanz

- Gefährliche Substanzen unter Verschluss

- Vorsicht bei Rezepturen mit besonderer (Brand-)Gefahr

- Gefahrstoffverzeichnis außerhalb des Labors bereithalten

Brandgefahren
Einteilung in Brandklassen nach EN 2

A fest   B flüssig   C gasförmig   D Metall   F Fett

Einteilung in Brandklassen nach EN 2

- **Brandklasse A:** Brände fester Stoffe, hauptsächlich organischer Natur, verbrennen normalerweise unter Glutbildung (Holz, Papier, Pappe, Textilien, viele Kunststoffe)
- **Brandklasse B:** Brände von flüssigen oder flüssig werdenden Stoffen (Benzin, Öle, Fette, Lacke, Wachse)
- **Brandklasse C:** Brände von Gasen (Propan/Butan, Methan, Erdgas)
- **Brandklasse D:** Brände von Metallen (Aluminium, Magnesium, Eisen, Zink)
- **Brandklasse F:** Brände von Speiseölen und -fetten in Kücheneinrichtungen

- Brände in elektrischen Anlagen stellen keine eigenständige Brandklasse (E) mehr dar, weil alle üblichen Feuerlöscher bei Beachtung eines Sicherheitsabstands geeignet sind.

... u kennen, weil sich daraus ableitet:

... ...potheke brennt? Siehe Folie 11

Meditonsin®
Meine Erkältungs-Medizin.

Brandgefahren
Einteilung in Brandklassen nach EN 2

Der Ernstfall: Was tun, wenn's brennt?
GAMS-Schema

- Gefahr erkennen
- Absperren
- Menschenrettung
- Spezialkräfte

GAMS – Merkhilfe aus dem Gefahrguteinsatz
Auf Zwischenfälle in Apotheken übertragbar
→ **Cave:** Brände in Apotheken können schnell außer Kontrolle geraten!

→ **Tipp:** Es sollte klar geregelt sein, unter welchen Umständen externe Kräfte alarmiert werden! Festlegung, nach welchen Ereignissen eine Apotheke geräumt wird bzw. Fachleute zu einer „Nachschau" alarmiert werden.

Beispiel Labor: Eine Flasche mit konzentrierter Salzsäure fällt zu Boden. „Freimessung" durch Feuerwehr?

Definition „Freimessung": Spezialisierte Feuerwehren haben die Möglichkeit, mit speziellen Messgeräten (Prüfröhrchen, Gasmessgeräten etc.) das Vorhandensein von giftigen Substanzen nachzuweisen. Ist nach einem Einsatz die freigesetzte Substanz nicht mehr nachweisbar, spricht man von „Freimessen" („frei von Gefahr").

Beispiel rauchender Kondensator einer Leuchtstoffröhre in der Zwischendecke: Kontrolle durch Feuerwehr mit Wärmebildkamera?
Nicht vergessen: Was muss getan werden, wenn Apothekenleitung nicht zu erreichen ist?

Im GAMS-Schema fehlt die Brandbekämpfung, weil sie nur erfolgt, sofern ohne Eigengefährdung möglich!

Wie kann ein Feuer erkannt werden? Siehe Folie 12

Der Ernstfall: Was tun, wenn's brennt?
GAMS-Schema

- Gefahr erkennen
- Absperren
- Menschenrettung
- Spezialkräfte

Der Ernstfall: Was tun, wenn's brennt?
Branderkennung und Alarmierung

Erkennung durch **Personen** → Zuruf durch Personen

Vorrangig aber:

- **Rauch-/Brandmelder** → akustisches/optisches Signal
- Einzelgeräte/kaskadierende Melder
- Rauchansaugsysteme
- Brandmeldeanlagen mit/ohne Aufschaltung auf Leitstelle

Cave: Brandmelder in Schlafräumen und notwendigen Fluchtwegen!

Branderkennung und Alarmierung

- Aufschaltung auf 24/7-Zentrale? Vorteil: hohe Sicherheit, Nachteil: laufende Kosten
- Vorsicht bei Aufschaltung auf Feuerwehr-Leitstelle! Zwar schnellstmögliche Reaktion, aber Alarm löst zwingend Feuerwehr-Einsatz aus (Kosten!)
- Kaskadierende Melder: Melder sind via Kabel oder Funk miteinander verbunden → sobald ein Melder Alarm auslöst, signalisieren alle Melder akustisch die Gefahr (Vorteil z. B. bei Brandherd in abgelegenen Räumen)
- Rauchansaugsysteme: Über Rohrleitungen wird Luft aus zu überwachenden Räumen abgesaugt und in zentralen Rauchmeldern auf Vorhandensein von Teilchen kontrolliert. Kostspielig in der Anschaffung, günstig hinsichtlich Wartung
- Selbsttest von Rauchmeldern erfolgt automatisch regelmäßig (LED leuchtet kurz)
- Bei Alarm leuchtet LED am erstauslösenden Melder kontinuierlich bis Rückstellung Alarm
- Die meisten Brandopfer sterben im Schlaf → im Notdienstzimmer und in den zur Flucht notwendigen Gängen Rauchmelder nicht vergessen!
- Zusätzliche Rauchmelder gemäß eigener Gefährdungsbeurteilung – Keller, Dachböden und andere Lagerräume berücksichtigen!

→ **Tipp:** Benennen Sie die Position der Rauchmelder in Ihrer Apotheke!

Wie funktionieren Rauchmelder? Siehe Folie 13

Der Ernstfall: Was tun, wenn's brennt?
Branderkennung und Alarmierung

Erkennung durch **Personen** → Zuruf durch Personen

Vorrangig aber:

- **Rauch-/Brandmelder** → akustisches/ optisches Signal

- Einzelgeräte/kaskadierende Melder

- Rauchansaugsysteme

- Brandmeldeanlagen mit/ohne Aufschaltung auf Leitstelle

Cave: Brandmelder in Schlafräumen und notwendigen Fluchtwegen!

Der Ernstfall: Was tun, wenn's brennt?
Der Rauchmelder meldet sich

Funktionsweise:

Lichtbrechung – Nebelkammer – Teilchenzählung

Unzulänglichkeiten:

- Fehlalarme durch falsch positive Meldung (Staub, Dampf, …)
- Späte Auslösung bei Schmorbränden
- Alterung der Sensoren (Geräteaustausch)
- Stromversorgung der Melder

Folie 13

Klassische Rauchmelder

Die richtige Wahl hängt von der Funktionsweise, der Empfindlichkeit, aber auch der Störanfälligkeit ab. Beratung im Fachhandel oder z. B. beim örtlich zuständigen Kaminkehrer ist zu empfehlen. Auch manche Feuerwehren beraten gerne zu Rauchmeldern.

Funktionsweise Rauchmelder

Die meisten Rauchmelder funktionieren mittlerweile nach dem Streulichtprinzip: Eine Infrarot-LED im Inneren des Rauchmelders sendet kontinuierlich einen Lichtstrahl aus, der bei Vorhandensein von Verunreinigungen in der Luft gestreut und auf eine Fotodiode gelenkt wird. Bei Aktivierung der Fotodiode wird ein akustisches Signal ausgelöst. Während kleine Insekten mittlerweile durch Siebe aus dem Inneren der Rauchmelder ferngehalten werden, ist Staub aller Art oft Ursache für Fehlalarme.

Rauchmelder enthalten häufig fest verbaute Batterien, weil zunehmend festgestellt wurde, dass die entnehmbaren Batterien Verwendung an anderen Geräten (z. B. Fernbedienungen) gefunden haben und der Rauchmelder dadurch stillgelegt wurde. Zum Ende der Laufzeit der Batterie muss das ganze Gerät weggeworfen werden – aber im Laufe der Zeit verschmutzen und altern die Sensoren ohnehin.

→ **Tipp:** Keine Rauchmelder in Räumen, in denen häufig Rauch, Staub oder Dampf freigesetzt werden! Alternative hier: Wärmemelder.

Fehlalarme können zu erheblichen Problemen führen: Löst ein „privater Rauchmelder" aus und ein aufmerksamer Passant wählt die 112, muss sich die Feuerwehr unter Umständen gewaltsam Zutritt zur Apotheke verschaffen, um die Ursache für den Alarm zu finden. Um dies zu vermeiden, ggf. bei der örtlich zuständigen Feuerwehr eine Notfallnummer hinterlegen, unter der jemand erreichbar ist, der auch außerhalb der Öffnungszeiten Zutritt zur Apotheke hat.

Rauchmelder werden oft mit einer Abdeckung geliefert, die nach Montage entfernt wird.
→ **Tipp:** Abdeckung aufheben und nutzen, wenn zu einem späteren Zeitpunkt Bohrarbeiten in der Nähe eines Melders durchgeführt werden müssen → Vermeidung von Fehlalarmen.

Was tun, wenn sich herausstellt, dass ein Rauchmelder einen Ernstfall signalisiert? Siehe Folie 14

Der Ernstfall: Was tun, wenn's brennt?
Der Rauchmelder meldet sich

Funktionsweise:

Lichtbrechung – Nebelkammer – Teilchenzählung

Unzulänglichkeiten:

- Fehlalarme durch falsch positive Meldung (Staub, Dampf, …)

- Späte Auslösung bei Schmorbränden

- Alterung der Sensoren (Geräteaustausch)

- Stromversorgung der Melder

Der Ernstfall: Was tun, wenn's brennt?
Der qualifizierte Notruf

Bundeseinheitlicher Notruf: 112

- **Wer** ruft an?
- **Was** ist passiert?
- **Wo** ist das Ereignis?
- **Wie** viele Verletzte?
- **Warten** auf Rückfragen!

Notruf

Notrufleitungen sind zunehmend „belegt".

→ **Cave: Nicht** auflegen, sondern unbedingt in der Leitung bleiben – Anrufe werden der Reihe nach abgearbeitet!

1. Nennen Sie klar und deutlich Ihren Namen und eine Rückrufnummer, unter der Sie erreichbar sind.
2. Schildern Sie in Stichpunkten, was Sie sehen.
3. Nennen Sie die Ortschaft, die exakte Straße, die Hausnummer, ggf. das Stockwerk.
4. Die Zahl der Verletzten hilft den Disponenten bei der Abschätzung, wie viele Rettungsmittel benötigt werden. Wenn möglich, die Art der Verletzungen beschreiben.
5. **Unbedingt** warten, bis der Disponent keine Rückfragen mehr hat bzw. von sich aus das Gespräch beendet. Wenn möglich Örtlichkeit vereinbaren, wo Sie als Einweiser und Ansprechpartner warten! (Führungskräfte der Feuerwehr sind in der Regel zu erkennen an farbigen Markierungen über der Schutzkleidung, z. B. gelb = Einsatzleiter, rot = Zugführer). Wenn der Notruf via Handy abgesetzt wurde, dieses Handy griffbereit halten, falls die Leitstelle wegen eventueller Fragen zurückruft.

Achtung: Bis die Feuerwehr tatsächlich vor Ort ist, dauert es eine „gefühlte Ewigkeit" (→ „Hilfsfrist")
- Gesprächs- und Dispositionszeit Notruf ca. 1,5 Minuten einschließlich Alarmierung der Rettungsmittel
- Ausrückzeit der ersten Feuerwehrkräfte zwischen 60 Sekunden (Berufsfeuerwehr) und vier Minuten (Freiwillige Feuerwehren)
- Plus Anfahrt zur Einsatzstelle (je nach Lage der Apotheke, Verkehrsbedingungen etc.)

Was tun wir, während wir auf das Eintreffen der Rettungskräfte warten? Siehe Folie 15

Der Ernstfall: Was tun, wenn's brennt?
Der qualifizierte Notruf

Bundeseinheitlicher Notruf: 112

- **Wer** ruft an?
- **Was** ist passiert?
- **Wo** ist das Ereignis?
- **Wie** viele Verletzte?
- **Warten** auf Rückfragen!

Der Ernstfall: Was tun, wenn's brennt?
Warten auf die Feuerwehr

- Ruhe bewahren
- **Alle Menschen** im Gefahrenbereich warnen
- Menschen ggf. beim Verlassen der Apotheke helfen
- Wenn möglich, Fenster (und Türen) schließen
- **Kein Risiko** zur Bergung von eventuellen Wertsachen eingehen
- Sicheren Sammelplatz aufsuchen und auf Einsatzkräfte warten
- Als ortskundiger Ansprechpartner zu erkennen geben

Was tun, bis die Feuerwehr kommt?

- Im Ernstfall ist Panik ein großes Problem → Ruhe bewahren!
  - → **Tipp:** Idealerweise angewöhnen, regelmäßig zu überlegen „was wäre, wenn jetzt ein Feuer ausbräche?"
- Überblick behalten, dass **alle** Personen den Gefahrenbereich verlassen
  - → **Tipp:** Einen Treffpunkt an einem sicheren Platz in der Nähe der Apotheke vereinbaren und aufsuchen!
- Wenn möglich, Geräte wie Herd, Mikrowelle, Bunsenbrenner etc. ausschalten
- Luftzufuhr zum Brandherd so gut wie möglich unterbinden
- Fenster und Türen schließen, aber **nicht** abschließen
- Wenn möglich, Schlüssel für Feuerwehr bereithalten
- Soweit möglich, vor der Apotheke dafür sorgen, dass parkende Autos weggefahren werden und Passanten den Bereich vor der Brandstelle räumen
  - → Aufstellungsfläche für die Feuerwehr!

→ Eigene Löschversuche können unternommen werden – aber nur ohne Gefährdung der eigenen Gesundheit!

Womit können wir eigene Löschversuche unternehmen? Siehe Folie 16

Der Ernstfall: Was tun, wenn's brennt?
Warten auf die Feuerwehr

- Ruhe bewahren

- **Alle Menschen** im Gefahrenbereich warnen

- Menschen ggf. beim Verlassen der Apotheke helfen

- Wenn möglich, Fenster (und Türen) schließen

- **Kein Risiko** zur Bergung von eventuellen Wertsachen eingehen

- Sicheren Sammelplatz aufsuchen und auf Einsatzkräfte warten

- Als ortskundiger Ansprechpartner zu erkennen geben

Feuerlöscher und ihre Bedienung
Platzierung in der Apotheke

* Gut sichtbar, leicht erreichbar
* Vorzugsweise in Fluchtwegen, im Bereich der Ausgänge
* Geschützt vor Beschädigungen
* Leicht aus der Halterung zu entnehmen

Platzierung des Feuerlöschers

* Gut sichtbar: Markierung mit nachleuchtendem Brandschutzzeichen F001, ggf. mit Richtungspfeil empfehlenswert. Ggf. 3D-Schilder verwenden.
* Entfernung zum nächsten Feuerlöscher nie mehr als 20 Meter
* Beim Aufhängen der Feuerlöscher beachten, dass sich Griffhöhen zwischen 80 und 120 cm bewährt haben. Stellen wählen, an denen z. B. nicht mit dem Einräumwagen gegen den Löscher gefahren wird!
* Standorte der Löscher in Abhängigkeit von den Gefahrenschwerpunkten in der Apotheke. Sinnvollerweise aber auch in der Nähe der Ausgänge, um bei Bedarf auch bei Ereignissen vor der Apotheke helfen zu können.
* **Tipp:** Regelmäßig Feuerlöscher aus der Halterung nehmen, damit die Entnahme und das Gefühl für das Gewicht jedes Löschers „in Fleisch und Blut" übergeht und sich die Standorte der Löscher einprägen
* Gebrauchsanleitung lesen und regelmäßig theoretisch durchspielen

Welche Arten von Feuerlöschern gibt es und welche Löscher machen in welchen Situationen Sinn? Siehe Folie 17

Erläuterungstext Folie 16

Feuerlöscher und ihre Bedienung
Platzierung in der Apotheke

- Gut sichtbar, leicht erreichbar

- Vorzugsweise in Fluchtwegen, im Bereich der Ausgänge

- Geschützt vor Beschädigungen

- Leicht aus der Halterung zu entnehmen

Art des Löschmittels

- **Pulverlöscher**: Für Brandklassen A, B und C gut geeignet. Zur Erinnerung: Was bedeutet A, B und C?
  - → **Cave:** immense Staubentwicklung mit möglicherweise erheblichem Potenzial für Schäden an sämtlichen elektronischen Geräten in der Apotheke!

- **Wasserlöscher:** insbesondere geeignet für die Arbeitsbereiche, in denen mit festen, glutbildenden Stoffen hantiert wird (Papier, Pappe)

- **Schaumlöscher:** Universallöscher für den zielgerichteten Einsatz mit sehr guten Löschergebnissen bei vergleichsweise geringen Löschmittelschäden

- **Kohlendioxid-Löscher:** Besonders geeignet für Flüssigkeitsbrände und bei Ereignissen in elektrischen Anlagen.
  - → **Cave:** In kleinen Räumen Gefahr des Erstickens!

- **Löschdecke:** Einfaches Hilfsmittel zum Einsatz bei Entstehungsbränden. Bei Fett- und Personenbränden **nicht** mehr Mittel der Wahl!

Wie viele Feuerlöscher sollten in einer Apotheke einsatzbereit gehalten werden? Siehe Folie 18

Feuerlöscher und ihre Bedienung
Art des Löschmittels

- Pulver

- Wasser

- Schaum

- CO_2

- Löschdecke

Feuerlöscher und ihre Bedienung
Vorgeschriebene Stückzahl

„Löscheinheiten" abgängig von der
Grundfläche der Arbeitsstätte

Grundfläche [m²]	50	100	200	300	400
Löscheinheit	6	9	12	15	18

Zum Beispiel:

- 6 kg ABC-Pulver = 43 A 183 B → 12 LE
- 2 kg CO_2-Löscher = 0 A 89 B → 5 LE

Richtige Anzahl an Löscheinheiten

Lesebeispiel: Bei einer Grundfläche von 200 Quadratmetern müssen 12 Löscheinheiten vorrätig gehalten werden: ein ABC-Löscher mit 6 kg Pulver würde theoretisch ausreichen – bezogen auf normale Brandgefährdung.

In der Praxis natürlich Abwägung aller Gefahren und damit deutlich mehr Feuerlöscher nötig. Manche Versicherungsgesellschaften bieten Hilfe bei der Ermittlung der richtigen Stückzahl von Löschern an.

43A 183B bedeutet, dass mit dem Löscher „Normbrände" eines definierten Holzstapels mit 4,3 Meter Breite oder 183 Liter einer definiert hergestellten brennbaren Flüssigkeit gelöscht werden können.

Für die Praxis relevant ist allerdings die Umrechnung in Löscheinheiten (LE).

Stichwort „Praxis": Wie geht man mit einem Feuerlöscher um? Siehe Folie 19

Feuerlöscher und ihre Bedienung
Vorgeschriebene Stückzahl

„Löscheinheiten" abgängig von der
Grundfläche der Arbeitsstätte

Grundfläche [m^2]	50	100	200	300	400
Löscheinheit	6	9	12	15	18

Zum Beispiel:

- 6 kg ABC-Pulver = 43 A 183 B → 12 LE

- 2 kg CO_2-Löscher = 0 A 89 B → 5 LE

Feuerlöscher und ihre Bedienung
Richtiger Einsatz

- Nicht gegen Windrichtung (Luftzug) löschen
- Feuer von vorne beginnend angreifen
- Von unten nach oben löschen
- Stoßweise löschen
- Löschmittelreserve zurückhalten/mehrere Löscher einsetzen
- Abstand zu elektrischen Anlagen halten
- Gasleitungen/-kartuschen **nicht** löschen
- Feuerlöscher nach dem Einsatz sofort als benutzt kennzeichnen

Inbetriebnahme eines Feuerlöschers

Dauerdrucklöscher

- Beschreibung: Dauerdrucklöscher stehen, wie der Name schon sagt, stets unter dem Druck des Treibmittels (z. B. Stickstoff oder Kohlendioxid)
- Bedienung: Sicherungsstift ziehen, Löscher einsetzen
- Vorteil: meist recht günstig in der Anschaffung
- Nachteile: evtl. schleichender Druckverlust, etwas höhere Kosten für Wartung und nur 20 Jahre Lebenserwartung

Aufladelöscher

- Beschreibung: Aufladelöscher enthalten im Inneren eine Druckgaskartusche, aus der nach Betätigung des Druckknopfs z. B. Kohlendioxid ausströmt, das Löschpulver verwirbelt und aus dem Löscher treibt
- Bedienung: Sicherungsstift ziehen, Druckknopf betätigen, Löscher einsetzen
- Nachteil: etwas teurer in der Anschaffung
- Vorteile: etwas günstiger in der Wartung und 25 Jahre Lebenserwartung

Generelle Bedienung von Feuerlöschern

- Mit dem Wind (sofern vorhanden) von vorne und unten beginnen
- Nur so viel Löschmittel einsetzen, wie unbedingt erforderlich (stoßweise). 6 kg ABC-Pulver sind in ca. 20 Sekunden aufgebraucht!
- Nach Möglichkeit mehrere Löscher bereithalten
- Zu den in der Apotheke gängigen elektrischen Einrichtungen muss mit dem Löschmittel 1 Meter Abstand gehalten werden
- Gasleitungen und Gaskartuschen werden nicht gelöscht, sondern nur die Umgebung gesichert (**Cave:** Explosionsgefahr durch ausströmendes Gas und Wiederentzündung an heißen Oberflächen)
- Nach **jedem** (!) Gebrauch ist ein Löscher als „benutzt" zu kennzeichnen, und er muss unverzüglich eine fachmännischen Wartung zugeführt werden

Welche Besonderheiten haben wir im Labor zu beachten? Siehe Folie 20

Feuerlöscher und ihre Bedienung
Richtiger Einsatz

- Nicht gegen Windrichtung (Luftzug) löschen

- Feuer von vorne beginnend angreifen

- Von unten nach oben löschen

- Stoßweise löschen

- Löschmittelreserve zurückhalten/mehrere Löscher einsetzen

- Abstand zu elektrischen Anlagen halten

- Gasleitungen/-kartuschen **nicht** löschen

- Feuerlöscher nach dem Einsatz sofort als benutzt kennzeichnen

Feuerlöscher und ihre Bedienung
Im Apothekenlabor

- Auf einen Feuerlöscher für das Labor kann nicht verzichtet werden, weil die Ausnahmetatbestände (Fehlen bestimmter Substanzen) in einem Apothekenlabor nicht vorliegen können

- Standort des Löschers mit Brandschutzzeichen versehen

- Zugang zum Löscher stets freihalten

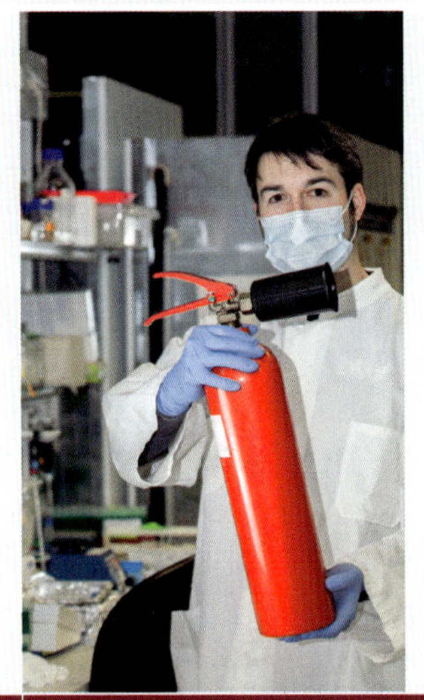

Folie 20

Brandschutz im Apothekenlabor

Auf einen Feuerlöscher im Labor kann nur verzichtet werden, wenn keine gefährlichen Substanzen vorhanden sind. Das allerdings widerspräche allen Vorschriften, wie ein Apothekenlabor ausgestattet sein muss.

Grundsatzfragen

1. Wo sollte der Löscher angebracht sein? **Im** Labor, um ihn griffbereit zu haben, wenn während der Laborarbeit ein Feuer ausbricht?
2. Oder **vor** dem Labor, um ihn griffbereit zu haben, wenn von außen beobachtet wird, dass im Labor ein Brand ausgebrochen ist?

Bedenke: Für Ungeübte kostet es ohnehin große Überwindung, einen Feuerlöscher überhaupt einzusetzen. Einen Raum zu betreten, in dem es brennt, um dort einen Löscher zu holen und ihn einsatzklar zu machen, ist nicht ratsam.

Was sind Brandschutzzeichen? Siehe Folie 21 und 22

38

Feuerlöscher und ihre Bedienung
Im Apothekenlabor

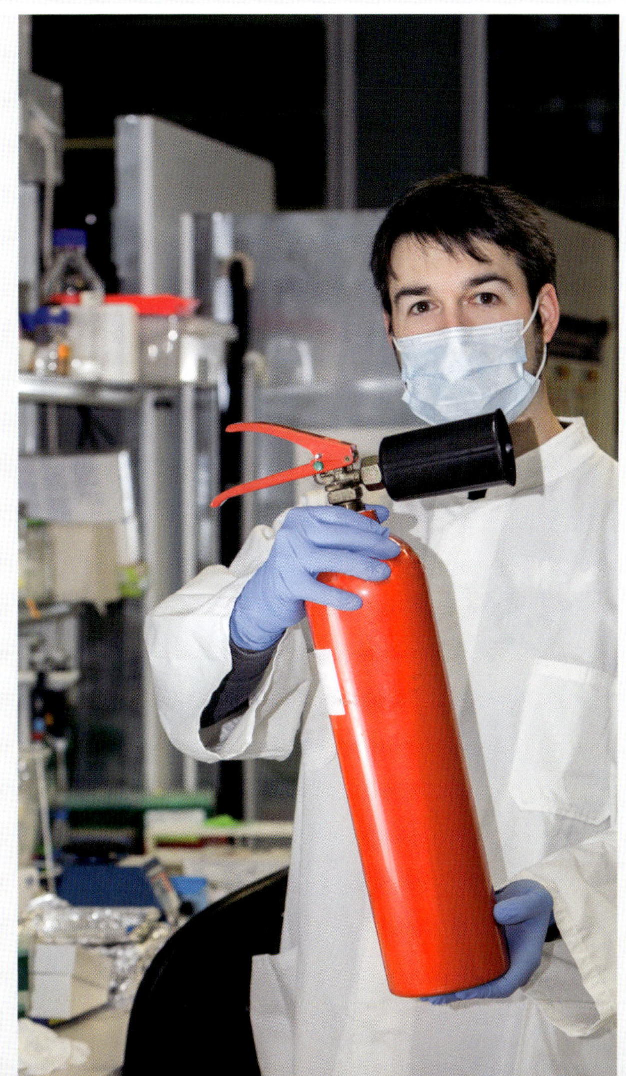

- Auf einen Feuerlöscher für das Labor kann nicht verzichtet werden, weil die Ausnahmetatbestände (Fehlen bestimmter Substanzen) in einem Apothekenlabor nicht vorliegen können

- Standort des Löschers mit Brandschutzzeichen versehen

- Zugang zum Löscher stets freihalten

Vorbeugender Brandschutz
Fluchtwege und Brandschutzzeichen

Brandschutzzeichen

- Beschilderung der Fluchtwege
- Kennzeichnen von Einrichtungen, die Brandschutz und Erster Hilfe dienen

---

Fluchtwege und Brandschutzzeichen

Brandschutzzeichen

- Sie sollten aus beständigem Material mit hoher Lebensdauer gefertigt sein
- Idealerweise kommen Kunststoffschilder zum Einsatz, die bei Ausfall der Beleuchtung eine Zeit lang nachleuchten
- Vorteilhaft ist, bei der Installation der Beleuchtung Lampen mit einer USV auszurüsten, die auch bei Stromausfall noch leuchten können
- Alternativ gibt es Fluchtwegschilder mit eingebautem Akku, die bei Stromausfall automatisch beginnen, zu leuchten
- Nicht vergessen: monatlicher Test auf Funktion!

Welche Brandschutzzeichen sollte man kennen? Siehe Folie 22

Vorbeugender Brandschutz
Fluchtwege und Brandschutzzeichen

Brandschutzzeichen

- Beschilderung der Fluchtwege

- Kennzeichnen von Einrichtungen, die Brandschutz und Erster Hilfe dienen

Vorbeugender Brandschutz
Gegenüberstellung Brandschutzzeichen neu/alt

Bedeutung Rettungszeichen	Neu	Alt	Bedeutung Brandschutzzeichen	Neu	Alt
Rettungsweg rechts			Mittel und Geräte zur Brandbekämpfung		
Richtungspfeil gerade			Feuerlöscher		
Sammelstelle			Brandmelder		
Erste Hilfe			Feuerleiter		
Arzt			Löschschlauch		
Standort auf Flucht-/ Rettungswegeplänen			Brandmeldetelefon		
Fluchtweg mit Richtungsangabe			Aufzug im Brandfall nicht benutzen		
			Abstellen/Verstellen verboten		

Brandschutzzeichen neu und alt

Brandschutzzeichen sind Piktogramme, die mittlerweile international abgestimmt sind und in die deutschen ASR übernommen wurden.

In der Praxis sind häufig noch „alte" Brandschutzzeichen nach DIN 4844–2 zu finden, obwohl diese seit 2013 von der DIN ISO EN 7010 abgelöst wurden.

Brandschutzzeichen kennzeichnen wichtige Vorrichtungen des betrieblichen Brandschutzes.

Was haben Türen mit Brandschutz zu tun? Siehe Folie 23

im Labor as.
Topitec
Schild vorhang
= altes Schild
= beim Schredder
= Brandmelder Schild

Vorbeugender Brandschutz
Gegenüberstellung Brandschutzzeichen neu/alt

Bedeutung Rettungszeichen	Neu	Alt	Bedeutung Brandschutzzeichen	Neu	Alt
Rettungsweg rechts			Mittel und Geräte zur Brandbekämpfung		
Richtungspfeil gerade			Feuerlöscher		
Sammelstelle			Brandmelder		
Erste Hilfe			Feuerleiter		
Arzt			Löschschlauch		
Standort auf Flucht-/ Rettungswegeplänen			Brandmeldetelefon		
Fluchtweg mit Richtungsangabe			Aufzug im Brandfall nicht benutzen		
			Abstellen/Verstellen verboten		

Bauliche Maßnahmen zum vorbeugenden Brandschutz

Türen

Türen erfüllen mehrere Funktionen, die bei der Anschaffung zu bedenken sind:

- Liegt die Tür im Bereich eines Fluchtwegs? → muss nach Außen aufschlagen!
- Grenzt die Tür an einen Fluchtweg (z. B. in einem Gebäude) → Anforderungen an Feuerwiderstand und Ausbreitung von Rauch
- Teilweise Koppelung an Rauchmelder vorgeschrieben → Kosten für Anschaffung und Wartungen bedenken!
- Wenn Türen den Anforderungen nicht entsprechen, muss teilweise aufwändig nachgerüstet werden → **Brandschutztore, -rollos, -vorhänge**
- Empfehlung: Sachverständigen einbeziehen! „Bestandsschutz" ist häufig nicht gegeben!

Lage der **Lieferschleuse**? Wenn Öffnung in den Bereich eines Fluchtwegs (z. B. Treppenhaus), gelten auch hier spezielle Vorschriften.

Achtung bei Geschäftsschluss: Grundsätzlich **alle Fenster schließen**, auch Kellerfenster! Allzu leicht kann durch Öffnungen Sabotage verübt werden:

- Wasserschaden, indem Apotheke mittels Gartenschlauch vom Nachbargrundstück geflutet wird
- Brandschaden, indem Feuerwerkskörper in die Apotheke geworfen werden (Cave auch Briefkästen!)
- Ausgießen von Flüssigkeiten (besonders perfide, weil nachhaltig problematisch: Buttersäure!)

→ **Cave:** Besteht eine Betriebsunterbrechungsversicherung?

Haben wir an die vorgeschriebenen Aushänge gedacht? Siehe Folie 24

Vorbeugender Brandschutz
Bauliche Maßnahmen

- Beschilderung der Fluchtwege

- Türen: Öffnungsrichtung, Feuerwiderstand und Rauchabschluss

- Lage der Lieferschleuse

Vorbeugender Brandschutz
Aushang

- Muster-Aushang unter **www.bgw-online.de**
- Brandschutzordnung
  - Unterteilt in A, B und C
  - Regelungen für brandschutztechnische Vorbeugung und Maßnahmen im Brandfall

Aushang zum Verhalten im Brandfall

So, wie es vorgeschrieben ist, bestimmte Gesetze auszuhängen oder z. B. der DSGVO Genüge zu leisten, gibt es auch Aushänge zur Ersten Hilfe und zum Verhalten im Brandfall.

Erhältlich bei der zuständigen Berufsgenossenschaft unter www.bgw-online.de

→ **Cave:** Ausfüllen der Plakate nicht vergessen!

Eine Brandschutzordnung (unterteilt in die Teile A, B und C) dient dem Zweck, Personen in einem Betrieb über alle Maßnahmen zu informieren, die prophylaktisch oder auch im Falle eines Brandes zu unternehmen sind.

Da die Erstellung einer Brandschutzordnung aber nicht für jedes Gebäude vorgeschrieben ist, verzichten wir an dieser Stelle auf eine ausführliche Besprechung.

Erläuterungstext Folie 24

Vorbeugender Brandschutz
Aushang

- Muster-Aushang unter **www.bgw-online.de**

- Brandschutzordnung

  - Unterteilt in A, B und C

  - Regelungen für brandschutztechnische Vorbeugung und Maßnahmen im Brandfall

Jeder Mensch sollte im Rahmen seiner Möglichkeiten in der Lage sein,
in Notfällen aller Art (Erste Hilfe, Feuer) richtig zu reagieren –
denn Gefahren lauern überall, nicht nur im Betrieb!

Pflichtschulung Brandschutz
Vielen Dank für Ihre Aufmerksamkeit!

Pflichtschulung Brandschutz
Vielen Dank für Ihre Aufmerksamkeit!

■ Nachweis der Pflichtschulung – Brandschutz

Art der Unterweisung[1]:

- Erstunterweisung bei Neueinstellung
- Wiederholungsunterweisung (mindestens einmal jährlich)

Inhalte und Schwerpunkte der Unterweisung[1]:

- Brandschutz in der Apotheke
  - Warum?
  - Betrieblicher Brandschutz
  - Anwendungsbereich der ASR
- Grundlagen
  - Gefahren durch Brände
  - Verbrennung und Vorgänge beim Löschen
- Brandgefahren
  - Häufige Brandursachen
  - Gefahrenquellen im Apothekenlabor
  - Einteilung in Brandklassen nach EN 2
- Der Ernstfall: Was tun, wenn's brennt?
  - GAMS-Schema
  - Branderkennung und Alarmierung
  - Der Rauchmelder meldet sich
  - Der qualifizierte Notruf
  - Warten auf die Feuerwehr
- Feuerlöscher und ihre Bedienung
  - Platzierung in der Apotheke
  - Art des Löschmittels
  - Vorgeschriebene Stückzahl
  - Richtiger Einsatz
  - Im Apothekenlabor
- Vorbeugender Brandschutz
  - Beschilderung – Brandschutzzeichen
  - Gegenüberstellung Brandschutzzeichen alt/neu
  - Bauliche Maßnahmen
  - Brandschutzordnung

-

-

[1] Zutreffendes ankreuzen, ggf. apothekenspezifische Inhalte ergänzen und konkretisieren

Nachweis der Mitarbeiterschulung – Brandschutz
Nach ASR A2.2

Mit meiner Unterschrift bestätige ich, dass ich im Rahmen der Mitarbeiterschulung über Brandschutz in der Apotheke unterrichtet wurde.

Name	Berufsbezeichnung	Erstschulung (E)/ Wiederholungsschulung (W)	Unterschrift

Datum der Unterweisung: _______________ Uhrzeit von _______ bis _______ Uhr

Unterweisung durchgeführt von: _______________

Name und Stempel der Apotheke:

Literatur- und Quellenverzeichnis

Zugriff auf Internetquellen: 28.09.2018

www.baua.de/DE/Angebote/Rechtstexte-und-Technische-Regeln/Regelwerk/ASR/pdf/
    ASR-A2-2.pdf?__blob=publicationFile
https://publikationen.dguv.de/dguv/pdf/10002/bgi560.pdf
www.bgw-online.de/DE/Leistungen-Beitrag/Praevention/Brandschutz/Brandschutz_node.html
www.deutsche-apotheker-zeitung.de/news/artikel/2018/06/13/
    was-apotheker-zum-brandschutz-wissen-muessen-teil-1
www.abda.de/fileadmin/assets/Praktische_Hilfen/Arbeitsschutz/Empfehlungen_der_BAK/
    Explosionsschutz_Standard.pdf
www.feuerwehr-lernbar.bayern/fileadmin/downloads/Merkblaetter_und_Broschueren/
    Abwehrender_Brandschutz/Loeschmittel_Loeschverfahren_Version-4.0/index.html
www.feuerwehrverband.de

Bildnachweis

Folie 2:   AK-DigiArt/stock.adobe.com
Folie 3:   Dr. Ralf Schabik, Altdorf
Folie 4:   Gina Sanders/stock.adobe.com
Folie 5:   Alex White/stock.adobe.com
Folie 6:   -Misha/stock.adobe.com
Folie 7:   Dr. Ralf Schabik, Altdorf
Folie 8:   marcocolantuono/stock.adobe.com
Folie 9:   Dr. Holger Herold, Leipzig
Folie 10: Kólumbus/commons.wikimedia.org
Folie 11: McZack/commons.wikimedia.org
Folie 12: Alex White/stock.adobe.com
Folie 13: d.albert/stock.adobe.com
Folie 14: PixelPower/stock.adobe.com
Folie 15: Dr. Ralf Schabik, Altdorf
Folie 16: weerayut/stock.adobe.com
Folie 17: Norman75/stock.adobe.com
Folie 18: Dr. Ralf Schabik, Altdorf
Folie 19: hartphotography/stock.adobe.com
Folie 20: bmf-foto.de/stock.adobe.com
Folie 21: Bertold Werkmann/stock.adobe.com
Folie 22: BG-Information/commons.wikipedia.org
Folie 23: moonrise/stock.adobe.com
Folie 24: Berufsgenossenschaft für Gesundheitsdienst und Wohlfahrtspflege (BGW), Hamburg
Folie 25: marcus_hofmann/stock.adobe.com

Dr. Ralf Schabik

Dr. Ralf Schabik (Jg. 1967) studierte Pharmazie in Erlangen und promovierte dort am Lehrstuhl Pharmazeutische Technologie. In Altdorf b. Nürnberg gründete er 1996 die Wallenstein-Apotheke am Oberen Tor. 2010 eröffnete er als Filiale die Wallenstein-Apotheke am Röder. Berufspolitisch engagiert sich Dr. Schabik als Bezirksvorsitzender des Bayerischen Apothekerverbandes Mittelfranken, als Delegierter der Bayerischen Landesapothekerkammer und als Mitglied der Vertreterversammlung des FSA. An mehreren Berufsfachschulen unterrichtet Dr. Schabik das Fach Arzneimittellehre und ist als Referent für naturheilkundliche Themen im Rahmen von Weiterbildungsveranstaltungen von Apothekerkammern und Firmen aktiv. Bereits 1982 in einen Löschzug der Freiwilligen Feuerwehr Nürnberg eingetreten, ist Dr. Schabik heute Zugführer in der Freiwilligen Feuerwehr Altdorf b. Nürnberg und im Nürnberger Land Kreisbrandmeister, Ausbilder und Fachberater für Gefahrgut.